용담 가는 길

공감시선 17
용담 가는 길
ⓒ 윤석산, 2024

지은이_ 윤석산

발 행 인_ 이도훈
펴 낸 곳_ 파란하늘
초판발행_ 2024년 10월 9일

사무실_ 서울시 서초구 법원로3길 19, 2층 W109호
　　　　(서초동, 양지원빌딩)
전　화_ 02) 595-4621
팩　스_ 0504-227-4621
이메일_ flyhun9@naver.com
홈페이지_ www.dohun.kr

ISBN_ 979-11-988681-0-7 03810
정가_ 14,000원

용담 가는 길

尹錫山

수운 최제우 대신사 출세 200년
기념 시집

서문

龍潭水流四海源
용담의 물이 흘러 네 바다의 근원이 되고

龜岳春回一世花
구미산에 봄이 오니 온 세상이 꽃이로구나.

수운 선생 出世 200년을 맞아
오래 전에 출간했던 시집 『용담 가는 길』을 꺼내
다듬고 손을 보아 다시 펴낸다.

수운 선생의 삶과 사유가 抒情의 날개를 펼쳐
네 바다의 근원이 되고, 온 세상의 꽃이기를
바라는 마음 간절하다.

수운 선생 出世 200년을 맞는 새벽에

尹錫山 心告

동학 천도교의 성지 용담정

차례

마음 빗장을 풀며 _13

어둘녘 세상 길에 갇히어 _23

봄꿈 같은, 혹은 아지랑이 같은 _36

내 마음이 곧 네 마음이니 _45

마음 한 자락 세상에 드리우고 _61

마음, 또 하나의 감옥 _79

죽음, 그 낯선 시간 앞에 _89

경주 근향 가난한 선비의 늦둥이 아들로 그는 태어났다. 전하는 이야기에 의하면, 그가 태어나던 날, 집 가운데로는 무지개가 펼쳐졌고, 뒷산인 구미산(龜尾山)이 기이한 소리로 사흘을 울었다고 한다. 자라나며 남달리 영특한 그는 사람을 쏘아보는 듯한 형형한 눈빛을 지녀, 결코 양순한 백성만으로는 살아가지 않을 것을, 세상의 사람들은 이미 알고 있었다고 한다. 침략의 손들이 여기저기 양귀(洋鬼)의 탈을 쓰고 다가오던 19세기 중엽. 아무러한 방비도 없이, 다만 서로 얼크러진 권력의 타래 속, 스스로를 옭아맨 조선조 말엽. 동학의 교조 수운(水雲) 최제우(崔濟愚) 선생은 경상도 작은 시골에서 이렇듯 태어나 어린 시절을 보내게 된다. 이제 곧 오만년 '다시 개벽'의 새로운 세상을 열어갈…… 그는, 그는, 그는.

〈수운출자(水雲出自)〉

마음 빗장을 풀며

하나

눈뜨며, 나의 젊음은
이내
금속의 퍼어런 칼날이 된다.

적막이 온몸으로 기어와
숨통을 조이는 시간.

숨결의 돌기마다 숨어
스스로 푸른 인광(燐光)의 눈, 치켜뜨는
내 스무 살의 새벽.

(임금은 임금이 아니고 신하는 신하가 아니고
 아비는 아비가 아니고 자식은 자식이 아닌.)

죽어버린 시간 헤집으며
나는 오만년, 도도한 물살을 거스른다.

둘

(아버지는 이 산천의 풀뿌리였다. 흙이고 물이고 무엇이든지 움켜쥔 채 놓지 못하는. 그리하여 불뚝이는 힘줄만이 살아 있음에 모두였음을.)

머리가 가슴이 되지 못하는
시대를
가슴이 진정 숯검정이 되어도
불씨 하나 지피지 못하는 시대를.

아버지의 문은, 늘
안으로
단단한 빗장이 망령처럼 질러져 있었다.

셋

그들은 드디어 옆구리로
밥알을
쏟아내기 시작했다.

(금이며 보석이며 벼슬자리며 땅뙈기며 명분이며.)

끝내 옆구리가 터진 그들의
사막에는
힘겹게 건너는 낙타, 한 마리도 볼 수가 없었다.

넷

우린 이 지상, 오직 뿌리 하나로
견디는, 충직한 백성.

나를 묶은 것들을
한밤의 천둥이여

산산이 비추어 오늘 가장 선명한 추상이게 해다오.

다섯

눈을 감으면 다시 떠지는
마음의 눈.

별무리 떠오르는 평원

가슴에 불을 지닌 자만이
뜨거울 수 있나니.

결빙의 순간 가장 힘차게 부풀어
오르는 물.

마음은 어디에고 없다.

어둠을 가르며,
이 밤
별들이 떨어진다.

여섯

노을 한 자락 베어 가슴에 품고
너에게로 간다.

―― 세상, 사랑하기로 한다.

멀리 혹은 가까이
명멸의 새 떼, 아득히 날아오른다.

일곱

풀잎 작은 이슬방울 하나도
저마다 가슴 단단히 채운 채

세상 바로 가는 길을
묻는 나에게

—— 길은 무엇인가?
—— 길은 무엇인가?

눈 바로 뜨고, 또록또록 되묻고 있다.

여덟

시간은 늘 막막한 만남.

흐트러진 하늘의 별들을 주워
잠드는 이들의
가슴 위로 뿌린다.

아, 아 다시 살아나
어둠 속 돋아나는 의문이 된다.

—— 우주는 나에게 늘 막막히 입 벌린 커다란 웅덩이.

읽던 서책(書冊)도, 밭 갈던 쟁기도 모두 접어둔다. 구만리장천(九萬里長天) 뜰을 달리던 말도, 과녁 맞추던 활도 모두 버린다. 세상의 운(運)은 이미 달걀을 쌓아놓은 듯한 형국. 유도(儒道) 불도(佛道) 누천년에 운이 역시 다했는고. 무너진 강상(綱常), 헝클어진 세상의 덤불 헤치며, 분연히 발길 딛는다. 경상, 전라, 충청 또 강원…… "어렵도다 어렵도다 만나기도 어렵도다. 방방곡곡 찾아들어 만나기만 만날진댄, 흉중에 품은 회포 다른 할 말 바이없고, 수문수답(隨問隨答) 하온 후에, 당당정리(堂堂正理) 밝혀내어, 일 세상 저 인물이 도탄 중 아닐런가." 노래 한 수 지어 부르며, 온 천하에 펼칠 당당한 이치를 얻고저, 사람의 길, 문득 얼크러져 아득한 팔로(八路)에 갇히어 덧없이 세상을 주유(周遊)한다.

〈주유팔로(周遊八路)〉

어둘녘 세상 길에 갇히어

하나

생선 뼈 하나, 목에
가룽거리듯
답답한 팔도(八道)의 길녘

가슴 하나로 떠받친
하늘은
온통 핏빛이었다.

둘

어디에서고
눈
다만 부릅뜬 채 잠이 든다.

미투리 터진 사이로 삐져나온
발가락보다
더 애처로운 산하.

목에 칼을 댄다.
시간의 족쇄
사지를 조여 온다.

셋

세상의 사람들 모두 모이어
발 구르면
땅 가라앉지 않을까.

—— 옛날엔 이런 바보 같은 걱정을 한 사람도 있다지만.

또 사람들 모두 모이어
숨 깊이 들이쉬면
하늘 무너져 내리지 않을까

—— 더 바보 같은 걱정을 한 사람도 있다지만.

오늘 하늘 무너져 땅 꺼져도

세상의 어리석은 사람
조선 팔도 어디에고 찾을 길 없네.

넷

군신유의 부자유친 붕우유신
널린 게
천지 강상(綱常)이지만,

임금도 아비도
또 친구도 없는 골을
공산명월(空山明月)은 왜 저리도 비추는고.

다섯

하늘과 땅 사이
실낱같이 이어 나간 세상의 길
잠시 얽힌다.

천촌만락(千村萬落)

가슴의 불 끄지 못한 채, 지상의
부끄러운 손
잠시 거두어들인다.

여섯

천개의 바다를 건너
그들은
이곳에 왔다.

바다에는 밤마다
물고기들이 허연 배를
드러낸 채 수장(水葬) 당하고.

해안 멀리 나타났다 사라지는
―― 이양선(異樣船).

해를 등에 지고 와
그들은
그림자처럼 우뚝 서 있다.

지글거리는 눈.

그들은 드디어
천개의 포문을,
일제히 터뜨리기 시작했다.

서(西)
    세(勢)
  동(東)
      점(漸)

집에 질린 세상, 허둥대기 시작했다

일곱

나를 용서할 수가 없다.

무명바지 속 줄어버린
나의 욕망을
용서할 수가 없다.

삶이 되지 못하는 나의 지식을
용서할 수가 없다.

먹은 밥을 곧이곧대로
소화시키는
나의 내장을 오늘 나는
도저히 용서할 수가 없다.

여덟

많은 발을 지닌
사람들의 꿈들이 그리웁다.

세월은 열두 번도 더
허리를 졸라맨 채
맨바닥에 머물러 있고.

—— 매관매직(賣官賣職) 세도가도 일심(一心)은 궁궁
(弓弓)이오
—— 전곡(錢穀) 쌓인 부첩지도 일심(一心)은 궁궁(弓
弓)이오
—— 유리걸식(流離乞食) 패가자도 일심(一心)은 궁궁
(弓弓)이라
—— 풍편(風便)에 뜨인 자도 혹은 궁궁촌(弓弓村) 찾
아가고

잠을 버린 꿈들
문득문득
세상의 밖, 기형(奇形)의 머리, 치켜든다.

아홉

우리는 이미
먼 산의 의연함이 아니다.

눈 들어 바라보면,

그러나 세상은
자목련(紫木蓮) 한 그루로도 이울어질
수 있는 것.

가슴 속 번지는 수묵화(水墨畵)
한 폭, 마음으로
오래오래 번지고 있다.

세상 길에 갇히어 막막히 떠돌던, 봄 어느 날. 수운(水雲)선생은 울산 근처 여시바위골(狐岩里) 낡은 초당(草堂)에서 잠시 봄잠을 즐기게 된다. 설풋이 잠이 들어, 꿈일런가 잠일런가, 어느 결에 아득히 꿈 밖으로 문 두드리는 소리. 이승의 저쪽 문득 나부끼는 이인(異人)의 낯선 옷자락. 햇살이듯 성큼 뜨락을 건너오는. "나는 멀리 금강산에서 왔오." 음성도 분명한, 아 아 "이제 이 천서(天書)를 선생께 드리니, 그대 쓰여 있는바 그대로 수행하시오." 부신 눈을 들어 바라보니, 섬돌 아래로는 다만 뭉클하고 피어오르는 봄 아지랑이뿐. 아무 일도 없는 듯 환히 웃음 짓고 있는 세상의 뜨락. 때는 을묘년(乙卯年, 1855) 햇살 좋은 3월 어느 날. 비로소 천서(天書)를 얻어, 수운(水雲)선생, 한울님 모앙(慕仰)하는 마음 조금도 늦추지 않고, 세상 올바르게 가르칠 대도(大道) 구하고저 수행에 정진한다.

〈을묘천서(乙卯天書)〉

봄꿈 같은, 혹은 아지랑이 같은

하나

그날은 햇살이 무척 좋았다.
하늘의 푸르름 온통
내려와 뜨락에 앉은 듯도 했고.
천지의 눈부심 모두
모이어 서로들 다투는 듯도 했다.

사람이 사람임을 잊어버린
세상을 베고 누워
잠시 눈을 붙였다.
열려진 격자창으로 봄 풍경이
한 아름 들어와
꿈속으로 쏟아졌다.

이제 막 몸을 푼 냇물이
자꾸만 뒤척이며
사람들의 골짜기를 적시며 흘러가고.

산천의 나무 가쟁기마다
작은 함성이
풋풋이 터지고 있었다.

둘

한낮이면 산그림자 성큼 내려와
답답한 체증으로
가슴을 눌러왔다.
본디 봄날은 어지럼증으로
시작한다고 하지만,
두서없이 꽃들이 사방에서 피고 지고.
아직도 사람들의 길에는
사람들이 보이지 않았다.
가위눌린 채, 가위눌린 채
버둥대며
천 길 대낮의 환한 잠 속으로
봄날은 그렇게 추락하고 있었다.

셋

문을 두드렸다.
이승의 저쪽 이인(異人)의 흰
도포 자락 조금 엿보였다.

빗장 지른 세상의 문 앞
헛기침 몇 번.
가리워진 세상의 반쪽, 잠시 펄럭였다.

넷

나는 멀리 금강산에서 왔오.
동해의 푸른 물굽이
늘 발아래 출렁이고.
일만 이천 침묵의 계곡
백일의 건강한 꿈을 꾸었오.
아름드리 잣나무 기지개를 펴듯
기나긴 겨울잠의 끝, 나는
천지 처음 터지는 빛, 가슴에 받았오.

활화산의 가슴으로 그대에게 달려왔오.
온갖 생각의 새떼 하늘로 날리며,
가슴의 한쪽, 인간의 시린 발들을
덮고 있다는 그대.
가래로 글을 짓고
곡괭이 무딘 날로 강상(綱常)을 일군다는.
천지 새로운 개벽을 꿈꾸는,

그대 늦잠 설핏 든 초당(草堂)에 당도했오.

이내 가슴에 품은 서책(書册) 해각(解覺) 하시오.
유(儒)도 불(佛)도 또 선(仙)도 아닌.
나는 문득 섬돌 두어 발자국 아래
피어나는 아지랑이인 듯, 이 봄
그렇게 떠나가겠오.
이는 진실로 그대의 것이오.

을묘년(乙卯年) 춘삼월(春三月) 울산 여시바위골
하늘까지 닿아,
꽃향기 물씬 피어나고 있었다.

다섯

읍(揖)하고 물러나, 등 돌리고
앉은 산들을 바라본다.

입 다물고 흐르는 냇물을 바라본다.

눈 봉한 하늘이
구름 손으로
지그시 이마를 눌러온다.

구겨놓은 종이 마냥
세상은
내 앞에서 바스락거리고……

양산(梁山) 천성산 내원암(內院菴)에서, 또 적멸굴(寂滅窟)에서 수운(水雲) 선생은 한울님 모신 마음 열고자 기도를 한다. 정진과 정진, 다시 용담(龍潭)에 들어 불출산외(不出山外)를 맹세하고, 수련에 임하게 된다. 뜻하지 않은 4월 어느 날, 마음이 문득 선뜩해지고 주체할 수 없이 몸이 떨리어, 무슨 병인지 그 증상을 말로 형용하기 어려운 즈음에, 어떤 신비한 말씀이 있어 문득 들려오는 것이 아닌가. "두려워하지 말고, 두려워하지 마라." 마음속 깊은 심연에서부터 울려 나오는 소리. "나의 마음이 곧 너의 마음이니라(吾心卽汝心)." 천둥이듯, 우렁우렁 전신을 흔들어 놓는, "나의 이 무궁한 도를 받아라." 문득 천지론 아득한 황금빛. 아아, 비로소 후천(後天)의 세상 열어갈 대도(大道)를 받은 것이로구나. 하늘이 처음 열리고 땅이 처음 열리듯, 닫혀진 한울 마음 비로소 열어가는, 경신년(庚申年, 1860) 4월 초닷새. 내딛는 후천(後天)의 그 당당한 첫걸음. 중천(中天)에 달 떠오르니, 아 아 홀연 마음 열리는구나.

〈경신사월(庚申四月)〉

내 마음이 곧 네 마음이니

하나

쥐 같은 무리 마음에
가득 이끌고
세상 덧없이 떠돌았구나.

사람아 사람아

저 민둥산 허리 기어오르는 불꽃 진달래
내 가슴 한 자락 도려내어
너에게 건네주고 싶구나.

둘

겨우내 얼었던 용담(龍潭)의 물이 풀리고
앞자락 스스로 풀어헤친 구만리장천산(九萬里長天山)

용추(龍湫)에 숨은 검은 용들이 기지개를 펴는 시간
구미산 깊은 허리,
산꿩 몇 마리, 아무도 모르게 둥지를 튼다.

셋

실낱같은 눈 뜨는 봄은

내 무망(無望)의 시간
씨앗 떨구듯
화두(話頭) 하나 던져 놓고

온 천지 화냥 같은 불을 놓는다.

넷

벼락 치듯 달려온 길들이
산산이
번갯불 속으로 모습을 드러낸다.

찰나의 찰나의 찰나를.

잠시 기웃둥이는 산하(山河).
뒷머리 긁적이며 사내 하나
낯선 시간 속을, 막막히 떠돈다.

다섯

도의 기운이 길게 이어지니
사악함이 들어오지 못하고
―― 道氣長存邪不入

세상의 타락한 뭇사람들과
함께 하지 않으리
―― 世間衆人不同歸

온 마음 천 강에 버리고
몸뚱이 하나
광솔, 단단한 옹이가 된다.

여섯

무언의 크나큰 손이 다가와
내 오랜
화석(化石)의 잠에 노크한다.

거대한 시간을 이겨내며
비로소
눈 뜨는 만유(萬有).

아무도 다가가지 않은 세계의,
벽면을 더듬으며
나의 영혼은 더 없이
커다란 기쁨으로 타오른다.

일곱

당신은 누구인가

성큼성큼 큰 보폭으로 시공(時空)을 건너오는

그리하여 천둥의 말씀으로

우렁우렁 전신을 흔들어 놓는

화강암 견고한 가슴을 열어 보이는

당신은 오늘 나에게 진정 무엇인가.

여덟

(개벽 후 오만년에 비로소
 나는 너를 만났다.
 하늘에 닿은 너의 정성이,
 내 마음이 바로 너의 마음임을 확인시켰다.)

경신년(庚申年) 사월 초닷새
후천 오만년의 그 첫날의 발길을.

지상(地上)의 시든 꽃 하나,
어둠 속 다시 찬연히 돋아나는 별빛 되고 있었다.

아홉

―― 의심치 말고 의심치 마라

말씀은 햇살인 듯 꽃잎인 듯
천지에 가득하고.

―― 나의 이 무궁한 도(道)를 받아라.

언덕을 이루고 바다를 이루고
다시 만산(萬山)을 이루는.

그러나 사람들의 마을엔
오늘도
아득히 저녁연기가 피어오른다.

열

오만년 전 나는 어디에 있었는가.
오만년이 수유(須臾)인 것을.

그러나 나는 지금 어디에 있는가.

아무도 돌아보지 않는 세상의 벌판.
다만 옷자락 거칠게 펄럭이는
팔황(八荒)의 끄트머리.

뜨거운 불덩이 하나 온몸으로 끌어안는다.

열하나

—— 나의 이 도(道)를 받아 사람들을 세상의 질병에 서부터 구하고, 사람을 올바르게 가르치라. 그리 하여 너로 하여금 장생(長生)케 하여 천하를 포덕 (布德)하게 하라.

한울림은 오래전부터
우리를 기다리고 있었다.
금수(禽獸)의 세상
진즉 굽어보고 있었다.

마음 버린 자
마음 밖에 마음 둔 자
마음속에 또 다른 마음 감춘 자.

외로 고개 둔 작은 풀씨 하나도
그러나 당신은

버리지 않고 지켜보고 있었다.

열둘

만유(萬有)는 지워지는 것이 아니다.

다만 가리워지는 것.

가리워진 손을 잠시 거두고 나는 비로소 본다.

하늘과 땅이 하나임을.

하늘과 사람, 결국 별개 아닌 하나임을.

마음밭,

존천(尊賤) 구분 없이, 하늘 한 자락 내려와 앉는다.

열셋

천지 일월이 가슴 속에 들어오니
천지가 큰 것이 아니오
내 마음이 큰 것이로구나.

경신(庚申) 사월 초닷새, 무궁한 말씀 문득 세상의 뜰, 건너오고 있었다.

한울님으로부터 세상 구할 대도(大道)를 받은 이후, 수운(水雲) 선생은 거의 일 년 가까이 마음을 닦고 성품을 밝히며, 수련에 정진하게 된다. 거울같이 맑게 닦기인 마음을 통해 대도(大道)의 이치를 밝혀보니, 이 모두 자연의 이법 아님 없음을 알겠구나. 우주 만상의 백천만물(百千萬物) 모두가 한울님 조화 중에 화하여 생겼으니, 아 아 나를 낳으신 육신(肉身)의 부모만 부모가 아니라, 한울님 역시 나를 낳아주신 천지부모(天地父母)임을 확연히 깨닫게 되었다. 비로소 바른길, 한울님 대도를 세상에 펴기 시작하니, 때는 신유년(辛酉年, 1861) 6월, 한여름의 더위가 성큼 다가와 씩씩이며 어깨를 버티고 있을 즈음. 연일 용담(龍潭)의 입구로는 가르침을 받고저 사람들이 장사진을 이루고. 온종일 물러나고 들어오매, 사람들에게 전하는 바는 오직 스물한 자 주문(呪文) 뿐이로구나. 至氣今至願爲大降侍天主造化定永世不忘萬事知.

〈신유포덕(辛酉布德)〉

마음 한 자락 세상에 드리우고

하나

여름의 더위가 한창 기승을 부리고 있다.
멀리 가까이 온통 매암이 울음소리 가득하구나.

── 선생께서 지금 받으신 것은 무엇입니까.
── 무왕불복(無往不復)의 이치니라.

다음 오는 여름에도 저 매암이 울음소리는 들릴 것이고, 또 다음 다음 여름에도 매암이 울음소리는 들릴 것이고, 또 다음 다음 다음 여름에도……

둘

 구미산 그늘이 뉘엿뉘엿 드리우는 어슬녘에도 사람들은 발길 돌릴 줄 모른다. 도포 떨쳐입은 양반네에서 맨상투 달랑이는 불상놈까지 오직 종이 한 장 내밀어 스물한 자 주문을 받아 든다. 그리곤 이내 세상 일렁이는 바다가 된다.

—— 지기(至氣)란 무엇입니까?
—— 신령한 영(靈)으로 우주에 가득 차 있으며, 간섭하지 아니하는 바가 없고 명하지 아니하는 것이 없으며, 형체가 있는 것 같으나 형상하기 어렵고, 들리는 것 같으나 보기가 어려우니, 이 역시 혼원함이 하나로 이루어진 커다란 기운이다.

밀고 당기는 세상의 물살 속,
온갖 잡동사니……,

지기(至氣) 아님이 이 세상 어디에고 없구나.

셋

1
물고기는 어떤 힘으로 저 물속을 헤엄쳐 다니는 것일까.

물을 벗어난 고기는 조금도 힘을 쓰지 못하는구나.

2
사람은 어떤 힘으로 세상을 살아가는 것인가.

사람의 힘? 힘? ......
아니 한울님의 힘?
힘?

넷

천지는 가득 찬 것인가
아니면
온통 비어 있는 것인가

해 떨어진 서쪽 어슬녘, 하늘가론 풀리잖는 의문인 양 어둠이 번져오누나.

황혼 속 박혀버린 한 조각 파편인 양 날새들 반짝이며 사라져 가누나.

지상의 한끝, 옷깃 펄럭이며, 낯선 시간의 얼굴 서서히 밀려오누나.

다섯

—— 시천주(侍天主)란 무엇입니까.
—— 내 몸에 한울님을 모셨음을 이르니라

 양반도 천민도 부자도 가난뱅이도, 그 누구도 한울님 모시지 아니함이 없으니, 저 숲속의 온갖 새소리 또한 시천주 아님이 없구나.

여섯

도란 무엇입니까. 아침저녁 먹는 밥이요.
도란 무엇입니까. 날아가던 새가 떨어뜨리는 똥이요.
도란 무엇입니까. 바늘귀 꿰기 위해 돋우는 등잔불이요.
도란 무엇입니까. 저만치 가슴 열지 못하는 바위요.
도란 무엇입니까. 밟고 섰는 흙이요.
도란 무엇입니까. 시린 아침 얼굴에 끼얹는 차디찬 세숫물이요.
도란 무엇입니까. 사람이 가야 할 바로 그 길, 그 길이요.

일곱

내가 나 됨은 무엇인가. 본래 혼원(混元)한 하나의 기운이었던 것이 살과 뼈와 뜨거운 피를 얻어 이렇듯 불뚝이는 것은 아닌가.

시작도 끝도 없는, 온통 거치른 우주의 어디

형상을 얻어 비로소 눈 뜨는 생명.

억억만년 시간의 저쪽 혹은 억억만년 시간의 이쪽, 나는 다만 하나의 형형한 기운. 이 지상에 남아 잠시 가리우는 살점을 지닐 뿐 아닌가.

여덟

사람과 금수와 초목과 곤충이 되는 기운이 서로 섞이어 세상은 아름다움을 이루는 것이니. 금수는 금수가 가야 하는 길. 초목은 초목이 가야 하는 길. 곤충은 곤충이 가야 하는 길.

밝음은 어둠의 또 다른 하나. 해의 밝음은 사람마다 볼 수 있으나, 도(道)의 밝음은 아무도 보지 못하는구나.

아홉

한울 마음은 세상 어디에고 이른다.

한 대접 물을 받아도 그 속에 비추어 담기는 마음.

돌아보면 넉넉한 품새

지구는 오늘도 여전히 자전을 한다.

열

혀의 부드러움보다는 이빨의 단단함을, 끈끈함보다는 뜨거움을, 두 개의 짧고 긴 끈을 늘어뜨리고 세계는 알 수 없는 몸짓으로 내게로 다가온다.

옷깃을 여민 채 묵묵히
고개 떨군 산.
후천개벽(後天開闢)의 첫날은 언제인가.

망자(亡者)의 바다론 칠흑 같은 어둠만 쌓이고……

열하나

한울님이 사람을 거느린 것이 아니라 사람이 한울님을 모셨고, 입이 말을 하는 것이 아니라 말이 입을 가르치고, 귀가 소리를 듣는 것이 아니라 소리가 귀에 부딪히고, 혀가 맛을 아는 것이 아니라 맛이 혀를 가르치는구나.

성큼 뜨락을 건너오는 행보(行步).

먼 산 문득 안개로 풀리고 있다.

열둘

허허로운 손들이 내리는 들녘

온 세상을 이끌 큰 운이 모두 이 도로 돌아오나니
── 山河大運이 盡歸此道

믿음은 바위처럼 저만치 버티어 선다.

열셋

물구나무선 집들이 천공(天空)을 밟으며 어디로 떠나간다.
한 장 나뭇잎만으로도 가리워지는 생애.

—— 이 도는 마음으로 믿는 것이 정성이 되나니. 믿을 신자를 풀어보면 사람의 말이라는 뜻이니 사람의 말 가운데는 옳고 그름이 있는 것을 그중에서 옳은 말은 취하고 그른 말은 버리어 거듭 생각하여 마음을 정하라.

—— 한번 작정한 뒤에는 다른 말을 믿지 않는 것이 믿음이니라. 이와 같이 닦아야 마침내 그 정성을 이루나니. 정성과 믿음이여 그 법칙이 멀지 아니하니라. 사람의 말로 이루었으니 먼저 믿고 뒤에 정성하라. 내 지금 밝게 가르치노니 어찌 미더운 말이 아니겠는가. 공경하고 정성들여 가르치는

말을 어기지 말지어다.

무거운 짐 진 자 허리 구부려 떠도는 이승.

이 가을 스러지는 햇살 속
사르비아 붉은 울음, 아, 아 이내 터뜨린다.

구미산(龜尾山) 자락에 자리한 용담(龍潭)은 이제 세상의 많은 사람들에게 알려진 곳이 되었다. 한울님으로부터 무극대도(无極大道)를 받은 수운 선생께서 이제 세상을 구할 가르침을 펴고 있다는 소문은 발도 없이 팔도(八道)의 곳곳으로 퍼져나가게 되었다. 도포 떨쳐입은 양반이나 홑저고리 차림의 상놈이나를 막론하고 모두 함께 어울리어 새로운 가르침을 받아 가느라고, 용담은 연일 장사진을 이룬다. 앞선 사람, 뒷선 사람 할 것 없이 모두 모두 용담으로 모이는데, 사백 년 이 나라에 맥맥히 내려온 봉건주의적 눈길은 곱지가 않다. "저 용담에 소위 일컬어 '동학'이라고 하는 것도 결국은 서양 오랑캐가 펴고 있는 서학과 다름이 무엇이겠느냐. 양반도 없다 하고 상놈도 없다고 하니, 이 무슨 해괴한 소리인고, 한울님을 모셨다느니 주문을 읽느니 하니, 이 혹세무민(惑世誣民)이 아니고 무엇이겠느냐." 높아지는 보수의 압력은 나날이 더 해가고, 용담 그윽한 정자에서 천도(天道) 세상에 펴며, 수운 선생 묵묵히 세상의 암담함을 아 아, 바라볼 뿐이로구나.

〈지목(指目)과 탄압〉

마음, 또 하나의 감옥

하나

나를 옭아맨 것은 저세상 사람들의 아집이 아니다.
나를 옭아맨 것은 낡고 낡은 세상의 제도가 아니다.
나를 옭아맨 것은 권문세가의 횡포가 아니다.
아니다.
   아니다.
 아니다.
     모두가 아니다.

오직 나를 옭아맨 것은 오늘도 나를 벗어나지 못하는 나의 미망(迷妄)일 뿐이다.

둘

나를 지목(指目)하는 것은 관청의 관헌이 아니다.
나를 지목하는 것은 서원(書院)의 유생(儒生)들이 아니다.
나를 지목하는 것은 경주 근향 일가친척이 아니다.
아니다.
 아니다.
아니다.
　　모두가 아니다.

나를 지목하는 것은 오직 세상 사람들 가슴에 감추어진 보이잖는 각자위심(各自爲心), 그 각자위심의 손가락일 뿐이다.

셋

  가을걷이가 끝난 논배미로 서리가 허옇다. 동구의 집들도 하나둘 문을 닫고 있었다. 농기구를 매만지는 손등 위로 떨어지던 노루 꼬리만 한 햇살, 꼴깍하고 머릴 숨겼다. 어둠은 그렇게 왔다. 겨울도 이제 멀지 않으리.

  소문은 멀리 한양에서부터 들려오고 있었다.

  충주를 지나 이제 마악 새재를 넘었다고 한다.

  경주부중 장바닥이 조금씩 술렁이기 시작했다.

  두런이며 사내들은 술청으로 모여들었다. 아궁이 군불가에는 마른 가랑잎 마냥 아낙들이 버석이며 마른침을 삼키고 있었다. 멀리 동구 밖, 차가운 하늘가론 별들이 하나둘 박혀지고 있었다. 아무도 보려 하지 않았다. 은하수, 문득 남으로 그 흐름을 바꾸고 있었다.

넷

오늘도 용담 동구 밖으론 낯선 이들의 발자국 소리

오동잎 후두득 빗방울 훑는 소리

구미산 골짝을 흩으며 지나는 어두운 바람 소리

지금도 듣지 못하고
예에도 듣지 못한 일이오
지금도 비할 바가 없고
예에도 비할 바가 없는 법이다
—— 今不聞古不聞之事 今不比古不比之法

오늘도 용담의 동구 밖으론 낯선 이들의 서걱이는 그림자

오동잎 사이 어른거리는 구 척의 그림자

구미산 골짝으로 남모르게 숨어드는 어두운 그림자, 그림자.

다섯

마음의 옷고름 풀어
세상을 받아들인다.

이는 천명(天命)이니, 난들 어찌하리오.
도를 밝힌 것도 나요, 도를 편 것도 나이니,
내 이제 기나긴 잠행(潛行)의 시간 벗어나
성품으로 다시 태어나리니.

마음의 아득한 지평 위, 또 하나의
달로,
아 아 문득 떠오르려니.

여섯

책장을 넘기면, 문득 달아나는 문자들.

蓋自上古以來
    春秋迭代 四時盛衰
  不遷不易
是亦天主造化之迹 昭然于天下也
     愚夫愚民
        未知雨露之澤
  知其無爲而化矣

내 스스로 오라를 받아 후천의 세상을 펼치려니.

일곱

달이 뜨는 세상 문득 그리워지누나.
승냥이 컹컹 이는, 그 푸르른 울음
문득 그리워지누나.
주먹을 쥐면 돋아나는 힘줄.

힘줄.
그
푸르름의
시간,
아 아 문득 그리워지누나.

죽음은 다만 끝남을 의미하는 것은 아니다. 어둠이 끝나면 다시 밝음이 오듯이 죽음은 또 다른 성령(性靈)의 삶의 시작이리니. 수운 선생은 갑자년 음력 3월 10일 대구 관덕당(觀德堂) 장대(將臺)에서 참형을 당한다. 각자위심(各自爲心)으로 물든 세상, 그리하여 자기 하나만이 잘 살아가려는 타락한 이기주의로 어지러워진 세상에 만유가 함께 살아야 한다는 한울님의 도(道), 우주의 법도를 펴다, 각자위심에 젖어 있는 사람들에 의하여 참형을 당하게 된 것이다.

도 받음이 천명이듯이, 참형 받으심 역시 천명임을 수운 선생 깊이 깨달으시고, 선천(先天) 마지막 칼날이듯, 참수의 칼을 받아 후천(後天)을, 후천의 그 장엄한 시간을 열어간 것이다. 수운 선생의 순도는 후천을 향한 크나큰 그 첫발, 후천으로 내딛는 거보(巨步)임을 우리 스스로 깨닫는 날, 우리는 비로소 후천을 마음에서 맞이하게 될 것이다.

〈갑자순도(甲子殉道)〉

죽음, 그 낯선 시간 앞에

하나

초봄 황사바람만이 풀풀이며 날리는 관덕당(觀德堂) 앞길. 노쇠한 당나귀 하나, 비죽이 커다만 음경 느리고 서 있다. 화등잔 같은 눈망울 다만 두리번거리며, 세상의 한 귀퉁일 지키고 있다. 누가 태어나는지 누가 죽는지 또 누가 오는지 누가 가는지도 모르는, 다만 세상의 한 귀퉁이. 열적은 망나니들만이 잔뜩 핏대 곧추세우고, 두둥실 선천(先天)의 마지막 춤추고 있다.

둘

이제 다시는 개체가 될 수는 없다.

다만 하나의 크나큼으로 나는 돌아가리라.

본래의 나는 커다란 하나였으나,

저마다의 육신 속에 나도 되고 또 너도 되었던 것을.

이제 나의 성령(性靈)은 하나로 돌아가리라.

나를 가두었던 육신의 결박 풀어버리고,

잠시 고여 있던 시간,

그 그리움의 날들,

지상의 한끝, 고요히, 하나의 허물로 벗어 두리라.

셋

산다는 것은 시간을 견디는 일이다.
스스로 가슴 깊이
허망의 비수 꽂는 일이다.

슬어가는 녹,
만큼이나.

반짝이며, 날 세우는, 그 칼끝만큼이나……

넷

참형이 언도되었다. 보이잖게 낯가리고 제자들 속으로 속으로 울음 삼키는구나. 군중들 묵묵히 먼 산 바라볼 뿐이로구나. 멀리 나직이 벽력 궁궁이며 다가오는데, 이제 모든 것이 끝장인가요, 끝장인가요.

아니다, 아니다.

그대들, 그대들……,
다만
나의 육신만을 묻을 수 있을 뿐이다.

다섯

구태여 말을 한다면, 나는 경주 근향 현곡면 가정리에서 태어났다. 아버지 근암공께서는 60이 지나 나를 낳으셨다. 어머니 한 씨는 재가녀(再嫁女). 젊어 세상을 떠돌기도 하였다. 가슴에 남달리 세상을 근심하는 마음도 지녔다. 구태여 말한다면, 경주 사람이고 조선 사람이고 아버지의 아들이고 박씨 부인의 남편이고 세정이 세청의 아버지이고 동학 선생이고. 구태여 말한다면, 가산을 탕진한 사람이며 사업에 실패한 사람이며 집도 절도 없는 사람이며. 구태어 말한다면, 한울님 모신 사람이고, 보다 정확하게 말을 한다면 세상의 모든 사람 너나없이 한울님 모심을 깨달은 사람이고. 구태여 말한다면, 한울님 가르침 세상에 펴야 하는 사람이며 금수(禽獸) 같은 세상눈 바로 뜨고 바라보는, 바라보는 사람이며……

여섯

문을 두드렸다. 닫혀진 문틈으로
저승의 환한 살결 언뜻 내비쳤다.

꽃비가 오는지,
온통 황금빛.

세상은 스스로 빗장을 끄르고 있었다.

일곱

갑자년 삼월 열흘. 지금 온 들녘으론 꽃들이 피어나고, 나는 죽임을 당한다. 죽는 것도 결국 사는 일. 세상의 누구도 죽듯, 세상의 꽃들이 피어나듯, 나는 죽는다. 보이잖는 힘이 저 들녘의 꽃망울 터뜨리듯 나는 죽는다. 꽃망울을 열고 싱싱한 꽃잎들 돋아나 천지를 밝히듯 나도 싱싱한 죽음으로 돋아나리라.

갑자년 삼월 십일. 몸에 묶여서 몸을 견디듯 몸을 버리고.

낯선 시간, 그 미지의 질서로
다만 두려운 발길 훌쩍 옮길 뿐이다.

윤석산

고등학교 시절부터 시인이 되고자 시를 썼다.
고등학교 3학년 시절 중앙일보 신춘문예
동시 부문에 당선하였다.
대학교 4학년 때 경향신문 신춘문예
시 부문에 당선하였다.
1979년도에 첫시집 『바다 속의 램프』 발간 이후
열두 권의 시집을 발간했다.
최근에도 새 시집을 펴내고자 바쁘게 준비하고 있다.
yoonsuksan@hanmail.net